TAIVASMATKA
Taivaassa tavanneet

© 2022 Kiminkki, Sirkka

Taitto ja kansi: Books on Demand

Kustantaja: BoD – Books on Demand, Helsinki, Suomi

Valmistaja: BoD – Books on Demand, Norderstedt, Saksa

ISBN: 978-952-80-8063-3

TAIVASMATKA

Taivaassa tavanneet

1. painos

Kuvaus

Kirjan olen kirjoittanut kanavointina suoje-lusenkelini välityksellä. Kirja kertoo minun sielunelämästäni ja lapsuudestani tähän päivään asti. Lisäksi kirjan teksti viimeisillä sivuilla koskettaa tätä ajankohtaa maailmassa. Tämän kirjan tekstin sisältö on pyydetty julkaisemaan suojelu-senkelini välityksellä ihmisten luettavaksi.

Johdanto

Minä, Sirkka Kiminki, olen kirjoittanut tämän kirjan suojelusenkelini Telefuksen välityksellä. Olemme olleet nykyisen puolisoni kanssa ensiksi niitä, joita sanotaan sielunvaeltajiksi. Olemme olleet yhdessä jo kauan sitten taivaassa. Emme vielä olleet syntyneet, kun olimme vain sielunkumppaneita. Emme vielä tienneet, että olisimme olleet ennenkin taivaassa. Esitimme hyvin olevaisuuden sankoin joukoin niitä, joita sanotaan sielunvaeltajiksi. Me emme tienneet olevamme sielunkumppaneita.

Olemme olleet ennenkin yhdessä maan päällä, emmekä tienneet, että minä olin ollut sielunkumppanini kanssa yhdessä jo kauan sitten. Olimme ennenkin olleet maan päällä, ja minä elin toisenlaista elämää kuin tiedossa oleva sielunkumppanini. Minä en nyt olevaisuuden henkilönä ole kauan hänen kanssaan elänyt, koska Jumala päätti ottaa hänet pois minun luotani. Minä olin hänen kanssaan noin 10 vuotta, ja se tuntui oikeanlaiselta rakkaudelta. Minä elin toisenlaista elämää kuin toinen, jotta saamme oppiläksymme tehtyä täällä maan päällä. Minä olen ollut sielunkumppanini kanssa ennenkin yhdessä noin neljäsataa vuotta sitten. Olen nyt valmis kanavoimaan tämän kirjaksi, koska olen saanut lahjan Jumalalta, joka on minulle Telefuksen lähettänyt tänne maan päälle. Emme tienneet, että minä en ollut Telefuksen siskona ollut enää neljäänsataan vuoteen asti. Minä elin vaatimatonta elämää, koska olin ollut joku aika sitten entisen puolisoni kanssa yhdessä kolmekymmentäkahdeksan vuotta. Emme tienneet, että meillä oli omat oppiläksymme. Minä olin hyvin aran oloinen, koska en ollut ihmisten kanssa paljon tekemisissä. Minä uskoin jälleensyntymään, ja siksi minulle annettiin tämä lahja, joka kertoo meidän tarinamme. Minä elin entisen puolisoni kanssa paljon yhdessä, koska hän ei ymmärtänyt, että olin jotenkin olevaisuuden henkilö. Me emme aina tykänneet toisistamme, mutta se oli tarkoitettu, että minä, Sirkka, olin jotenkin alistettu. Minä elin hyvin nöyränä palvellen muita, jotka olivat ylempänä minua. Minä uskoin Jumalaan, vaikka en sitä ymmärtänyt ollenkaan, kun olin niin vaatimaton. Siksi olin itsekin alistunut siihen kiroilemiseen, eikä se tuntunut pahalta silloin. En uskonut, että me vielä eroamme entisen puolisoni kanssa. Jumala johdatti minua, ja se oli tarkoitettu niin tapahtuvaksi. Minä en uskonut itsekään näin tapahtuvaksi, koska en ollut varma siitä, miksi pitäisi erota. Elin kuitenkin niin kuin oli tarkoituskin. Minä elin synnissä, kuten me kaikki elämme, ja minä sain voimia jatkaa eteenpäin. Olin itsekin syntinen, eikä se minusta tuntunut miltään. Elin kuin muutkin, koska näin oli tarkoitettu. Minä olin ennenkin ollut maan päällä 900 vuotta sitten, kun sielunkumppanini ei ollut vielä olevaisuuden sieluna. Olen nyt tekemässä tätä kirjaa, koska tunnen oman sieluni matkan, kun Telefus on sen minulle osoittanut oikeaksi. Minä en uskonut todeksi, ennen kuin sen Jumala minulle ilmoitti, että olen suojeluksessa ollut koko elämäni. Olen nyt varsin otettu, kun olen ennenkin ollut maan päällä, enkä uskoisi olevani niin otettu, että rupeaisin kirjoittamaan tätä kirjaa. Minä en ymmärtänyt, mitä tarkoittaa sielunvaellus. Emme ymmärtäneet, että minä ja se toinen sielunkumppanini tulemme elämään vielä niin, että emme synny tänne enää uudelleen. Minä en saanut osakseni niin paljon rakkautta kuin olisin tarvinnut. Elin puolisoni kanssa niin, että sain olla enemmän se, joka huolehti lapsista. Elin sen elämän niin kuin oli tarkoitettukin. Elin niin kuin minulle oli se osa tehty. Minä olin hyvin saamaton, kun en jotenkin ymmärtänyt tilannettani. Olin niin kuin ei minua olisikaan. Minä suostuin kaikkeen, mihin minua pyydettiin. Elin entistä elämääni hyvin niin, että en uskaltanut tuoda ilmi omia mielipiteitäni. Minä en voinut tuntea onnellisuutta siinä perheessä. Elin niin kuin toisetkin, vaikka olin niin yksinäinen. Minä en uskonut, että voisin erota, eikä se ollut niin varmaa. Elin kuin minua ei olisi ollutkaan, eikä se tuntunut pahalta. Minä olin jotenkin olevaisuuden Sirkka, joka etsi sitä rakkautta, mitä ei ollut saanut osakseen. Olin hyvin onneton eläissäni, ja se olikin tarkoitettu minun elämänkirjaani. Olin itse ennen ollut se, joka oli ollut se, joka eli samanlaista elämää, jossa olin ollut alistava puoliso. Minä en suostunut enää olemaan se henkilö, joka oli alistettu. Erosin, koska se oli tarkoitettu. Olin hyvin vaatimaton, eikä se ollut minua varten se avioliitto. Se oli minulle oppiläksynä. Olin niin surullinen, koska en tiennyt olevani se, joka olisi pitänyt olla. Elin jotenkin köyhää entistä elämääni edelleen, kun erosin. Olin niin onnellinen, kun näin oman sielunkumppanini, ja se vasta olikin oikeanlaista rakkautta. Minä elin niin, että kunnioitin sitä Telefusta, joka ohjasi minut pois siitä avioliitosta. En uskonut vielä kunnolla johdatukseen. Elin kuitenkin niin, että entinen puolisoni eli vielä minun elämääni, kuin minua ei olisi ollutkaan. En uskonut, että löydän vielä sen oikean rakkauteni. Olin onnellinen, kun saimme olla kahdestaan. Elimme hyvin vaatimatonta elämää, eikä ollut kuitenkaan niin, että se Sirkka oli niin onnellinen, että ei uskonut olevansa vielä se, joka tulee saattamaan miehensä hautaan. Elimme hyvin pelokasta elämää, koska emme tienneet, että puolisollani oli syöpä. En uskonut Jumalaan ennen kuin elin uudestaan suruni keskellä. Se, että nyt olen sen suunnitelman tehnyt, että olen saanut lahjaksi uuden elämäni uuden sielunkumppanini kanssa. Emme hyväksyneet kuolemaa ennen kuin saimme olla kymmenen vuotta yhdessä. Olimme hyvin pelon alla, koska emme osanneet odottaa, että syöpä veisi hänet kuolemaan. Elin jotenkin uudelleen henkisyyttä aveskon että se tarkoittaa, että olin uudelleen alkanut miettiä henkisyyttä. Olin jotenkin aavistanut puolisoni elämän lyhyeksi. Elin kuitenkin onnellisena, kun en tiennyt, että minä en uskonut olevani se, joka oli kannustava eteenpäin. Se oli hyvin raskasta aikaa, joten turvauduin henkisiin asioihin. Siskoni oli ollut entisessä elämässään noita. Elin häneen turvaten, koska sain häneltä turvaa. Hän eli niin kuin uskovainen elää luottaen Jumalaan. Se osoittautuikin olevan vain olevaisuuden siskonani, enkä uskonut olevani johdatuksessa. En tiennyt, että hän olikin ollut noitana ennen minun syntymääni. Olin kuitenkin se, joka oli alistettu jo ennen syntymääni. Olin jotenkin eksyksissä, mikä antoi minulle voimaa. En uskonutkaan, että tein siinä virheen, että se olikin vain olevaisuuden siskoni. Uskoin hänen joka sanaansa, että Jumala on se, joka on minun kanssani olevaisuuden siskoni kanssa. En tiennyt, että elimme niin, että uskoin kaiken, mitä hän minulle kertoi. Olimme hyviä ystäviä ennen kuin olin se, joka olikin se, joka tiesi, että elin toisen elämää. En uskonut, että se koski minuun, vaikka en tiennyt olevani oikeassa. Emme riidelleet asioista, mutta tunsin myöhemmin, että minä kuuntelen sydämeni ääntä. Se oli niin otettu Sirkka, kun oli niin koetuksella, kun emme olleet ennen riidelleet. Olin ennenkin ollut sen kanssa ystävä, ja se on muuttanut siskoni ajatusta, että en voi muuta kuin harmitella. Siksi, että nyt tänä päivänä emme ole enää paljoa yhteydessä kuin viestimisissä, ja joskus soittelemme. En uskonut itsekään, että vielä kirjoitan tarinan, jonka joka sana totta. Olen kuitenkin oppinut, että se oli minulle oppiläksynäni, että sain sen suoritettua. Olimme vankan suojeluksen alla, kun teimme vaativia testejä. En uskonut olevani niin yllättynyt, kun tiesin, että siskoni olikin minua heikompi. Olen hyvin pahoillani siitä, että en ole saanut osakseni vieläkään kiitosta. Ette uskokaan, mitä oli saanut aikaan siskoni, kun en tiennyt, että paholainen oli tullut meidän väliimme. Olimme saatanan pauloissa. Olimme niin, että olin minäkin osaksi syyllinen siihen, että siskoni saikin minut uskomaan siihen. Olin saatanan kanssa yhdessä. Soisin, että lukijani uskovat, että tämä on kaikki totta. Olimme niin peloissamme, ja siskoni eli saatanan pauloissa. Olimme niin ahdistettuja, että melkein vei jalat altani. Elimme osan päiviä niin, että olin niin väsynyt, että en uskoisi olevani vielä tässä. Elin työpaikallani niin, että saivat muutkin ihmetellä, miksi luovuin työpaikastani. Olin jotenkin ennakoinut sen loppuvan vasta viimeistään vuoden päästä. Minä olin jotenkin väsynyt työhöni, koska en tuntenut sitä enää omakseni. Elin hyvin vaatimatonta elämää puolisoani surren. Emme olleet kuitenkaan vielä nähneet ja ennen kuin vähän aikaa sitten. Esitimme hyvin nuoruuden intoa, ennen kuin Telefus tuli elämääni. Se antoi lohtua elämääni. Olin hyvin imarreltu, kun sain osakseni rakkautta. Esitimme olevamme niitä pahoja henkiä, jotka Sirkka joutui poistamaan. Emme kuitenkaan olleet niitä, kun ne olivat aitoja. Se Sirkka eli niin salassa lapsiltaan, että he eivät tienneet, mitä olin kokenut. Elin hyvin niin sanotusti pelon vallassa. Se vähän ihmetytti lapsiakin, kun oli kysymys, että mitä se piruja puhuu puhelimessa. Se sisko juuri oli soittanut, ja Sirkan poika oli kysynytkin, että mikä se on se siskosi tarkoitus. Emme siitä siskoni kanssa jutelleet muille. Se rukous esti saatanan tulemasta Sirkan sisälle. Jumala kuuli rukouksen. Siskoni ei uskonut, että se oli saatana, joka lähti pois rukouksen avulla. Emme siitä uskaltaneet puhua enää muille. Elimme, kuin ei olisi mitään tapahtunutkaan. Veljeni tiesi, ja toinen siskoni, kun olimme niin peloissamme, oli hätä siskostani. En uskonut, että emme olleet ennen tavanneet saatanaa. Siskoni ja veljeni olivat niin otettuja, että veljeni oli jotenkin mukana asiassa ja pelasti saatanan kynsistä. Estimme saatanan tulon kotiimme. Veljeni sanoi minulle, että saat apua, kun pyydät. Se pelasti saatanan kynsistä. Uskoen Jumalaan rukoilin itseni pois saatanan pauloista. Niin tapahtui, ja se on totta: Jumala kuuli rukoukseni, poisti minusta saatanan ja antoi lohtua. Jeesus kävi luonani, ja pyysin käymään siskoni luona. Ette usko, mutta se kaikki oli totta. Kaikki johtui siitä, että lapsena elimme maalla, ja siellä oli ennen isäni sauvat, jotka olivat hänen äitinsä veljeni käytössä olevat pirun sauvat. Ne ovat totta, heidän lastensa leikit olivat saaneet aikaan sen, että sauvat saivat sisko ja veli leikkeihinsä. Isä oli suuttunut ja vienyt ne järven pohjaan.

Elimme lapsuutemme hyvin vankan kurin alla. Isä oli kuitenkin hyvä ja auttavainen. Elimme jotenkin niin, että se Sirkka oli jotenkin niin peloissaan, että ei uskonut Jumalan johdatukseen. Oli se niin vaatimaton, että oli nähnyt enkelin, ja se olin minä, Telefus. Ei ollut uskonut, mutta se oli jotenkin jäänyt mieleen. Et uskonut, että se oli Telefus, se sinun suojelusenkelisi. Elitte hyvin vaatimatonta elämää. Se viesti oli kuitenkin totta. Olitte menossa siskosi kanssa rantaan. Ette tienneet, mitä siellä olisi odottanut. Ette uskokaan, ne olisi hukkuneet, siskokset. Telefus oli kuitenkin saanut sen estettyä. Sirkka oli ymmärtänyt, kun joku oli huutanut hänen nimeään. Se oli Telefus, joka oli ollut ennenkin pelastamassa häntä vaaroista. Osasitte olla oveliakin, kun isä ja äiti olivat poissa. Ette kertoneet kaikkia asioita, kun he olivat poissa. Se Sirkka oli jotenkin niin olevaisuuden Sirkka, että siskonsa oli aina komentamassa sitä, mitä tehdään. Olitte ennen niitä, jotka olivat samannäköisiä, kuin ette olleet ollenkaan samannäköisiä. Sirkka oli hieman sievempi, ja se oli tullut monen suusta sanottua. Emme olleet siitä hyvillämme, ja sisko oli jotenkin kateellinen, kun Sirkka sai kaiken, minkä halusi. Elitte niin vankan suojeluksen alla, että heidän isänsä oli olevaisuuden isä, joka uskoi Jumalaan. Hän oli hyvin vanhoillinen ja hyvin ankara lapsiaan kohtaan. Heidän äitinsä oli hyvin vaatimaton. Ette usko, kuinka hän joutui tekemään töitä maatalossa. Hoiti kymmenen lasta, ja lapset saivat tehdä kaikki työt kotona äitinsä sairastettua. Se oli sitten vankan suojeluksen alla koko perhe. Isänsä nuhteli syyttä suotta aina, kun oli paha mieli. Isä purki pahaa oloansa lapsiin. Ei äitinsä tykännyt, että se ja lapset olivat niin ankaran vallan alla, että se äitinsä oli monesti ajatellut sijoittaa lapset hyvään kotiin, jossa saisivat osakseen rakkauttakin. Emme tienneet, että isä oli ollut ennenkin niin sanotusti valossa jo pitkään. Osasimme aavistaa, kuinka elitte niin sanotusti köyhää elämää. Esititte hyvin niin sanotusti vähän ollaksenne rohkeita, ja äiti oli hyvin surumielinen. Emme olleet yhtään niin peloissamme kuin äitinne. Se oli jotenkin niin olevaisuuden äiti, että oli aina ollut alistettu kotona. Se, että äitimme oli niin vasten sitä, että ensi alkuunkaan emme voineet ymmärtää sitä, että minä olin se, joka joutui olemaan tiukimmilla. Elimme niin sanotusti turvallista elämää, kun jotenkin elämä vei meitä eteenpäin. Se Sirkka oli niin hiljainen, että se meinasi jäädä kotiin koko loppuelämäksi. Minä, Telefus, olin se, joka ajoi sen kotoa pois. Äitinsä oli jotenkin minun puolellani ja sanoi tytölleen, että "et tule sieltä emäntäkoulusta pois". Olimme niin onnellisia siskoni kanssa siellä koulussa, emmekä halunneet aina tulla sieltä vapaapäivinäkään pois. Se kesti yhdeksän kuukautta se koulu. Setäni oli viedä minut muualle, kun olin jotenkin pidetty koulussa, ja hän oli kysynyt-kin minua jonnekin muuhun koululaitokseen. Elimme niin sanotusti sen vuoden koulussa saati käväisin kotona välillä. Osasimme olla hyvinkin nättiä siskosteni kanssa. Etsimme uusia tutta-vuuksia, eikä hän ollut hyvä tuttavuus minulle. Osasi veljeni jotenkin aavistaa, ja samoin äitini, että se liitto ei tule kestämään. Etsimme kuiten-kin kumppanimme itse. Elin niin sanotusti hy-vin arkaluontoista elämää. Jotenkin se kuitenkin oli tapahduttava se, että piti käydä oppiläksyni. Asetimme Sirkalle vaatimuksen, että hänen oli pysyttävä avioliitossa 38 vuotta. Se oli hyvin vaa-timaton elämä. Estimme sen, että veli olisi saanut osakseen sen, että Sirkka ei mennyt naimisiin. Asettakaamme vaatimuksia siten, että emme voi elää ilman oppiläksyjämme. Ne oli Sirkan kui-tenkin tehtävä. Esitimme yhteisiä väärin ymmär-rettyjä olevaisuuden testejä Sirkalle.

Osin hän läpäisikin testejä, mutta ei aina ym-märtänyt, miten toimia missäkin tilanteessa. Es-timme vaaran monesti, joten hän ei joutunut kuitenkaan vaaratilanteisiin. Aseena oli se, että Sirkka sai olevaisuuden Sirkkana tämän kyvyn lahjaksi. Se on tämä selvännäköisyyden ja kanavoinnin lahja. Se on Jumalan lahja, joka annetaan hyvin palvelluista vuosista. Aseena oli oppiläksyjen saattaminen loppuun. Emme tietenkään olleet ihan varmoja siitä, että emme tienneet kuitenkaan, miten Sirkka selviää näistä kaikista testeistä. Osasimme olla hyvin vaativia, ja se olikin Sirkalle koettelemus. Hän elikin uhrautuvaista elämää entisen puolisonsa kanssa. Osasimme olla, niin kuin meitä ei olisikaan. Esitimme myös hyvin olennaisia asioita, niin sanotusti vankan suojeluksen alla olevia asioita. Etsimme vaikeita päätöksiä, ja sitä kesti 38 vuotta, ennen kuin Sirkka osasi erota. Se esti Sirkkaa olemasta vapaa, ennen kuin ero oli selvä. Olevaisuuden Sirkka eli hyvin vankan suojeluksen alla, eikä ero tullut hyvin helpolla. Oli miten oli, vähän negatiivinen puoliso. Se esti Sirkkaa olemasta niin sanotusti aito ihminen. Ei Sirkkakaan ollut mikään pulmunen. Hän eli hyvin vanhanaikaista elämää. Ei osannut päätellä, että toinen ei anna periksi. Se, että Sirkka olisi ottanut talosta puolet, ei sopinut entisen puolison ohjelmaan. Sirkka joutui turvautumaan sisarensa apuun. Hän oli se, joka kertoi, että "ota vaan talosta puolet, se sinulle kuuluu". Ette uskokaan, miten Sirkka oli koetuksella. Entinen puoliso ei kyennyt olemaan ollenkaan se, joka antaisi periksi. Siitä alkoi taistelu, ja Sirkka oli jotenkin ohjelmoitu, että ei anna periksi. Hän joutui turvautumaan pesänjakajaan. Olevaisuuden Sirkka oli hyvin anteeksiantava. Hän sanoi viimein, että "ottakaa vain päältä viiden vuoden sähkölaskut ja muutkin kulut puoliksi". Ei ollut olevaisuuden Sirkka asunut päivääkään siellä talossa, koska sitä vartioitiin niin, että ei pässyt siellä käymäänkään. Tämä johtui myös siitä, että se uusi sulhanen oli tullut puolustamaan Sirkkaa. Siitä alkoi uusi taistelu. Se Sirkka eli vanhanajan elämää. Hän eli kuten muutkin, vaikka oli hyvin ahdistunut. Osasimme auttaakin Sirkkaa tarpeen vaatiessa. Hän eli hyvin vähävaraista elämää, koska ei uskaltanut puhua asioista kenellekään kuin ensimmäiselle ystävälleen. Hän järjesti Sirkalle tuomarin. Hän oli hyvin avulias ja auttoi asioissa. Hän sai viimein pesänjaon sovittua, ja se ratkesi Sirkan parhaaksi. Tänäkin päivänä Sirkka tuntee siitä syyllisyyttä, että tekikö oikein, kun laittoi entisen puolisonsa ulosottoon. Se on kuitenkin oikein, koska Jumala on sen sovituksena entiselle puolisolle määrännyt. Estimme kuitenkin Sirkan ja uuden puolison yhteisen kodin menettämisen. Olisimme voineet olla ilkeitäkin, mutta Jumala oli niin armollinen, että antoi pitää yhteisen kodin. Asetimme Sirkalle ja uudelle puolisolle ehdon, että saavat asua siellä kymmenen vuotta yhdessä. Esitimme hyvin olennaisia asioita siten, että Sirkka ja uusi puoliso eivät joutuisi vaikeuksiin. Sirkka eli niin työntäyteistä elämää maalla, että ei aina muistanut syödäkään, ja se entistä puolisoa aina harmittikin. Olevaisuuden Sirkka ymmärsi hyvin uuden puolisonsa sairauksia ja olikin siitä monesti maininnut, että kyllä minä teen. Elimme niin maalla, että Sirkan kesälomat meni kotia laittaessa. Tämä oli nykyiselle puolisolekin hyvän tuloksen ansainneena puolisona, että oli hyvin otettu, kun sai vähän tehdä itsekin remonttia. Sirkka eli kuitenkin niin vaatimattomasti, että sai nykyisen puolisonkin välillä hermostumaan. Olivat monesti mykkäkoulussakin, kun Sirkka ei antanut periksi. Piti saada kaikki valmiiksi. Olikin urakka, kun piti puut halkoa kesälomalla kaikki, vaikka sanoi ne tekevänsä vähitellen. Estimme joskus Sirkkaa polttamasta itseään loppuun. Olisimme olleet hyvin pettyneitä, jos Sirkka olisi vielä eronnutkin. Riita tuli, kun entinen puoliso ei pystynyt kaikkea tekemään ja auttamaan tarvittaessa. Asetimme ehtoja, mikä ei ollut entisen puolison mieleen. Tupakka oli hänelle niin pinttynyt tapa, että hän salaa polttikin aina, kun Sirkka ei ollut paikalla. Aseena oli veljenpoika, joka sanoi, että "anna pari euroa, niin minä olen hiljaa ja en puhu Sirkalle mitään". Heistä tulikin hyvät kaverukset, koska veljenpoika on jotenkin kiintynyt puolisoon niin, että tämä saa tänäkin päivänä kiitosta.

Sanoisin, että Sirkan lapset olivat läheisempiä kuin oma isänsä. Esitimme niin olevaisuuden enkeleitä, että Sirkka ei huomannut, miten puoliso rakasti Sirkkaa. He elivät hyvin arkaluontoista elämää. Puolison sairaudet salattiin, ja toinen siskoista tiesi nykyisen puolison sairauksista. Ne eivät niistä paljon puhelleet, mutta kaikki vaistosivat, että ei ollut kaikki hyvin. Olevaisuuden Sirkka on nyt hyvin otettu, kun saa tehdä kirjan elämästään. Esitimme hyvin olennaisuuden enkeleitä, eikä se tepsinyt Sirkkaan. Osasimme hyvin naamioitua, eikä se oikein aina tepsinyt Sirkkaan. Elimme heidän keskuudessaankin hyvin piilossa. Olimme jotenkin suojelemassa perhettä. Puoliso oli kuitenkin niin armahtavainen, että antoi anteeksi, vaikka Sirkka oli häntä välillä laiminlyönytkin. Sirkka oli kuitenkin itsekin pahoillaan tilanteista ja oli monesti pyytänytkin anteeksi puolisoltaan. Osasimme tehdä testejä, mutta ne eivät menneet aina niin hyvin kuin olisi pitänyt mennä. Olisimme jatkaneet niitä testejä, mutta sanoisin, että emme tienneet, että Jumala oli tehnyt muutoksia suunnitelmiin. Olimme vähän hämillämme, kun emme osanneet olla niin varuillamme, koska Sirkka oli hyvin otettu Jumalan sen olevaisuuden Jumalan kanssa. Etsimme suojelusta kaikille sen sanoisin sen Sirkan olevaisuuden Jumalalle. Olimme niin otettuja enkeleitten kanssa, kun etsimme niitä uusia koettelemuksia. Sankoin joukoin olimme jotenkin itse siihen syyllisiä, kun emme myöskään tienneet, että Sirkka oli tuleva olevaisuuden valonkantaja. Esitimme kuitenkin uusia testejä ja hän olikin otettu. Olevaisuuden enkelit ovat niitä, joita se Sirkka oli etsinyt hädän tullen. Otimme myöhemmin joitakin esimerkkejä siitä, että Sirkka olisi jo ollut hyvin paatunut, mutta hän oli kuitenkin jo niin paljon valossa, että ei langennut uusiin synteihin. Taas olimme jotenkin vankan alistuksen alla, joten emme tienneet, että sanoisin emme kuitenkaan uskoneet, että Sirkka eli jo toisessa maailmassa. Joten minä, Telefus, ja nanenkelit olimme jotenkin niin otettuja. Estimme

Sirkan olevaisuuden enkelin kanssa sen, että Sirkka ei uskonut olevansa jo valossa. Meinasimme jotenkin olevamme sen alaisia, kun hän jo ymmärsi sen, että hänen siskonsa on jotenkin tietävämpi. Täten estimme hänen siskonsa olevaisuuden valon tekemästä Sirkalle muuta pahaa. Te ette usko, mutta se sisko piti hänen puolisostaan. Sisko teeskenteli, että Sirkka olisi ollut hänelle vihainen kun luuli, että hän viekoittelisi hänen puolisoa. Täten minä en sitä ensiksi sanonut puolisolleni, mutta puolisoni oli niin rehellinen, että kertoi minulle myöhemmin, että hän on aina ollut rehellinen, sanoisin uskollinen puolisolleen. Täten on asiat selvitetty, vaikka ne olivat testejä kaikki, mitä molempien siskosten puolisot olivat harrastaneet. Oletimme, että Sirkka olisi langennut väistämättä uskomaan, mutta siskon sana kuitenkin painoi niin, että Sirkka rupesi jo uskomaan puolisoaan. Täten jatkoimme sitä esitystä ja se puolisoitten tarinat ei olleet sitä , että se sanoisin Sirkan puoliso oli testissä mukana. He eivät olleet tietoisia kaikista väitteistä, mutta Sirkan puoliso oli tietoinen asiasta. Täten se jatkui niin, että se oli pitkä tarina. Oletimme, että sisko antaa anteeksi Sirkan sanomiset hänen miehestään, mutta ei uskonut korviaan, kun Sirkka esitti myös hänen puolisostaan oman versionsa. Täten se puolisoitten välinen asia selvisi niin, että olevaisuuden Sirkka vähän jo rupesi uskomaan siihen, että hänen puolisonsa oli ollut uskoton. Hän ei kylläkään millään meinannut uskoa, mutta vakuuteltiin, että se oli totta. Täten se oli heidän molempien oppiläksy. Te ette tiedä, mutta Sirkka oli ollut entisessä elämässään uskoton omalle puolisolleen. Täten tiesimme, että ne eivät olleet ollenkaan niin, että se olevaisuuden sen sanoisin sen Sirkan puoliso tiennytkään testistä. Täten emme kuitenkaan antaneet periksi. Sirkan puoliso oli kuitenkin niin pahoillaan, että pyysi Jumalalta apua. Taas mentiin ojasta allikkoon ja puoliso olikin niin otettu, kun selvisi, että se oli vain testi. Joten emme hyväksyneet sen sanoisin Sirkan olotilaa. Sirkan puolisolla oli jo jotenkin aavistus siitä, että se onkin jotenkin sen puolison sanoisin testi myös. Joten meidän tulisi vähän ojentaa sen puolison henkiolentoakin. Täten saimme kuitenkin puolison vakuuttuneeksi siitä, että emme olleet kuitenkaan niin ankaria. Sirkan omatunto rupesikin soimaan, ja täten hän kerkesi myydä sormuksetkin pois. Olimme kuitenkin jotenkin vähän niin, että se sanoisin paljastettava, että kerroimme kaikki, mitä oli pitänytkin olla. Täten emme kuitenkaan uskoneet, että Sirkalle tulisi paha mieli. Estimme kuitenkin sanoisin Sirkkaa niin, että olimme siten, että se sankoin joukoin emme enää kiusanneet. Esitimme vieläkin kuitenkin niin, että sanoisin Sirkka ei tiennyt mitään, kun olimme jotenkin niin kiusaantuneita, että emme tienneet, että Jumala olikin olevaisuuden Jumala Sirkan kanssa. Tulimme siihen tulokseen, että kuinka saadaan Sirkka vakuuttuneeksi, että ei tunnistaisi sitä ihan niin, että olisi vain sen tehdyn Jumalan kanssa. Me emme ollenkaan tienneet, että se sankoin joukoin sanoisin se olikin meille testi, että emme osanneet olla yhtä varovaisia kuin sanoisin sankoin joukoin emme tienneetkään, että Sirkka olikin tietoinen meidän olemassaolostamme. Täten osasimme ollakin hyvin uteliaita siitä, kuinka he siskonsa kanssa olivatkin yhtä. Saatoimme ollakin vähän eriskummallisia. Täten emme tietenkään paljastaneet olemassaoloamme. Saatoimme tiedustella, että ei sanoisin sankoin joukoin emme paljastaneetkaan, sitä että se sisko olikin jotenkin olevaisuuden henkilönä sanoisin Sirkan kanssa. Saatoimme tiedustella ,kuka oli sen sankoin joukoin sen siskon kanssa , kun emme uskaltaneet puuttua siskonsa asioihin. Tiesimme kylläkin, että sankoin joukoin emme kohdanneet siskonsa kanssa niin, että se sanoisin Sirkka ei uskaltanut etsiä muualta apua. Elimme sankoin joukoin niin, että sisko ei huomannut olevaisuuden enkeleitä. Täten osasimme olla hyvin varuillamme, kun sisko yritti kysellä Sirkan asioista. Te sankoin joukoin ette tienneet, että se Telefus olikin teidän työkaverinne. Säästimme teitä olemasta viisaampia kuin me enkelit. Tietoisuutenne oli kasvanut niin, että sisko meni jotenkin yli sen asian, mikä piti olla salassa. Annettiin asian olla, koska sisko ei ollenkaan huomannut, että Sirkka oli jo tietoinen enkeleistä. Elimme kuitenkin hyvin salassa, ja olevaisuuden Sirkka oli hyvin tietoinen siitä, että kävimme hänen luonaan useasti. Sankoin joukoin osasimme aavistaa, että olevaisuuden Sirkka aavisti puolisonsa vierailun kotonaan. Testasimme siskoa, mutta hän ei osannut olla niin tietäväinen kuin olevaisuuden Sirkka. Elimme kuitenkin niin, että puoliso olikin niin surullinen, että oli paha olla, kun sanoisin puoliso olikin niin viisas ja pyysi Jumalaa avuksi. Täten olevaisuuden Sirkka ymmärsi, että puoliso kävi hänen luonansa. Tarkoitimme vain hyvää, mutta Jumala halusi, että olevaisuuden Sirkka kuuntelee myös Jumalan sanaa. Testasimme olevaisuuden Sirkkaa niin, että hän ei huomannut. Elimme kuitenkin niin, että ei aavistanut miten hän olikin ymmärtänyt asian oikeanlaisesti. Oletimme, emmekä sankoin joukoin aavistaneetkaan, että tyttö olikin meitä viisaampia ja uskoi itse siihen Jumalan lähettämään enkeliin. Olimme hyvin anteeksi antavia ja asetimme olevaisuuden Sirkalle monia testejä. Sanoisin, että hän ymmärsi puolisonsa vierailun luonaan. Te ette usko, mutta se tyttö tiesi, milloin oli tulossa käymään. Sanoisin, että hän oli tietoinen enkeleitten valosta. Te ette usko, mutta hän olikin valmistautunut olemaan valmiina. Teimme ensiksi monia testejä siitä, kuinka hänen siskonsa ei uskonut valon ilmiöihin. Erkanimme monesti, kun siskonsa ei aina uskonut, että olevaisuuden Sirkka kosketti puolisoaan kädellä. Te ette usko, mutta Sirkka on kohta niin otettu, kun jatketaan tätä kirjoitusta. Esitimme joitakin kysymyksiä siitä, onko Jumala ollut asialla. Ette usko, mutta puoliso oli niin otettu eikä uskonut, että olevaisuuden Sirkka tiesi kaikki tehtävät. Olimme vähän hämmentyneitä asiasta emmekä olleet siitä varmoja, ja oletimme asian unohtuvan. Siskon oli määrä olla esikuvana, mutta se olevaisuuden Sirkka ei uskonutkaan siskonsa olotilaan eikä sen kuulemiin juttuihin. Esitimme olevamme niin, että sisko ei tiennyt yhtään, että olimme läsnä koko ajan. Se olikin molemmille testi, ja sen voitti olevaisuuden Sirkka. Ette usko, mutta se testi oli niin hyvä kuin olla voisi. Tarkoitus olikin, että se oli molemmille haastava, kun olevaisuuden Sirkka tajusi myöhemmin, että se ei ollutkaan totta. Olimme vähän hämmentyneitä siitä, kun esitimme asian vankan ankaran suojeluksen alla. Se olikin niin, että se sisko kielsi , kunnes ei enää puhunutkaan mitään. Oletimme, että olevaisuuden Sirkka olisi ollut se, joka ei tiedä taivaan asioista muuta kuin enkeleitten olemassaolon. Elimme jotenkin siinä uskossa, että siskonsa olisi tietävämpi taivaan asioista, mutta se olevaisuuden sisko ei uskonut, mitä Sirkka sanoi. Taas piti udella, miten asiat luonnistuvat. Elimme kuitenkin niin, että sisko olikin tietävämpi kuin olevaisuuden Sirkka. Elimme niin, että osasimme olla vain hiljaa siitä, mitä tapahtuu seuraavaksi. Te ette usko, mutta se sisko olikin niin tietävä, että ei pystynyt vastaamaan olevaisuuden Sirkan ky-

symyksiin. Te ette usko, mutta se sisko tunnusti-
kin väärin sanoin olevaisuuden Sirkalle, että ei
ole totta. Kun esitimme, että olevaisuuden Sirkka
ymmärsi kysymyksen siitä, että Jumala on se,
joka johtaa maailmaa, ei tyttö vieläkään ymmär-
tänyt kysymystä. Oletimme, että sisko olisi se,
joka olisi tiennyt, mutta olevaisuuden sisko oli-
kin oikeassa. Se jotenkin oli niin, että olevaisuu-
den sisko ei ollenkaan tiennyt, että olevaisuuden
Sirkka oli jotenkin jo valossa. Te ette usko, mutta
hän eli hyvin vankan suojeluksen alla. Olisimme
olleet hyvin otettuja, jos olevaisuuden sisko ei
olisi niin paljon sotkeutunut olevaisuuden Sir-
kan asioihin. Täten emme kyselleet, vaan olevai-
suuden sisko olikin monesti väärässä. Täten ole-
vaisuuden Sirkkaa piti suojella. Täten emme us-
kaltaneet ollenkaan esittää hyvin vaatimatonta
elämää. Osasimme olla avuksi olevaisuuden Sir-
kalle, eikä se olevaisuuden sisko tiennyt olevansa
vanhanajan sisko. Saimme kuitenkin uskoa sen,
ja että olevaisuuden Sirkka olikin tietoinen jäl-
leensyntymästä. Estimme molemmat siskon en-

nenaikaiset paljastukset ja täten estimme siskon olevaisuuden Sirkalle tekemästä vahinkoa. Olisimme voineet estääkin, ja se olikin niin voimakasta sen siskon voimaannuttaminen olevaisuuden Sirkan vuoksi, että olevaisuuden Sirkka uskoikin kaikkeen epäjumalan palvomisesta. Otimme paljon testejä, mutta Jumala tekikin niin, että olevaisuuden Sirkalta otettiin pois se lahja, mikä olisi kuulunut Sirkalle. Te ette usko, mutta sisko sai aina Sirkan uskomaan, koska olevaisuuden Sirkka luotti siskon tuomiin viesteihin. Ollaksemme rehellisiä olevaisuuden sisko tiesikin asioista hyvin paljon. Olisimme vielä kiusanneetkin heitä enemmän, mutta olevaisuuden Sirkka oli niin surullinen, kun hänen puolisonsa oli mennyt toiselle tasolle. Esitimme hyvin olennaisia asioita, ja Sirkka tiesikin kaikki. Hän oli niin tietoinen kuolemanjälkeisestä elämästä, että ei ole siitä uskaltanut puhua kuin veljelleen. Te ette usko, mutta veli on jo itsekin nyt niin valossa, että saisi pian selvän näön, ja se olisikin ystävällemme toisen veljen sielunkumppani, joka lähti jo toiselle tasolle yhdessä vähän väliä ollen olevaisuuden Sirkan puolison kanssa. Estimme siskoa saatanan kynsistä viemästä olevaisuuden Sirkkaakin mukaan. Täten olimme hyvin pahoillamme, kun olevaisuuden Sirkka ei ensiksi huomannut, että on niin oikeanlainen suojelusenkeli siskolle. Etsimme olevaisuuden Sirkalle esimerkkejä, mutta saatana piiloutui verhon taakse. Täten veli esti sen menemästä enää mukaan. Se ei kuitenkaan ollutkaan niin, kun olevaisuuden Sirkka hoksasi, että on hänelläkin suojelusenkeli. Olkaamme rehellisiä, niin se saatana uskotteli kaiken olevan olevaisuuden Sirkan parhaaksi. Olimme hyvin pelokkaita, ja osoittautuikin, että olevaisuuden Sirkka olikin itse hoksannut, että Telefus on hänen suojelusenkelinsä eikä siskonsa. Te ette usko, mutta sisko väitti kiven kovaan, että uskoisi hänen suojelusenkeliään, mutta olevaisuuden Sirkka ei uskonut enää ja sisko melkein suuttui, mutta sanoi viimein, että tule henkenä hänen luokseen, koska Sirkka oli jo kuolemaan tuomittu. Estimme monia piruja tulemasta olevaisuuden siskon kotiinkin, mutta se olikin saatana, joka eli siskonsa kanssa. Ette usko, mutta olevaisuuden Sirkka joutui poistamaan piruja koko ajan, että olevaisuuden Sirkka oli välillä niin väsynyt, että oli jäädä auton alle. Se oli se työpaikka, joka esti olevaisuuden Sirkan sekoamasta lopullisesti. Ette usko, miten Sirkka jaksoi käydä vielä töissäkin, ja Telefus antoi hänelle voimaa estämään piruja tulemasta. Aseena oli siskon saatana, joka olikin niin ovela, että olevaisuuden sisko ei tiennyt, että Telefus suojeli olevaisuuden Sirkkaa koko ajan. Täten olevaisuuden sisko oli hyvin pettynyt, kun ei olevaisuuden Sirkka enää uskonut siskon tarinoihin. Olimme hyvin otettuja, kun esitimme jotenkin niin, että olevaisuuden sisko ei ymmärtänyt saatanan olemassaoloa. Estimme olevaisuuden Sirkkaa paljastamasta, että olevaisuuden sisko olikin itse ollut entisessä elämässään saatanan kätyri. Elimme kuitenkin niin, että olevaisuuden sisko oli jotenkin niin pettynyt, että ei enää uskonut olevaisuuden Sirkan mielipiteitä. Elimme kuitenkin niin, että se olevaisuuden sisko on tänä päivänäkin hyvin hiljainen. Olimme varuillamme. Nyt olevaisuuden Sirkka hämmentyi tätä kirjoitettaessa, ja estimme tekemästä enemmän vahinkoa koko suvulle. Te ette usko, mutta se kaikki on ollut totta. Sanoisin, että moni olisi jo pyytänyt pois pääsemistä tästä maailmasta, mutta oli tarkoitus, että nämä sisarukset olivat vankan suojeluksen alla. Te olitte niin arvovallan alla, että teitä testattiin, koska elitte niin vanhanajan elämää. Esitimme monesti niin, että olitte jotenkin aina olleet yhdessä, ja sitä ei olevaisuuden Sirkka huomannut, että elikin toisen elämää. Nyt tänä päivänä olevaisuuden Sirkka kuuntelee omaa sydämen ääntään. Osoittautuikin niin, että sisko on ollut nyt hiljainen, kun olevaisuuden sisko ei tunnista, mikä on oikeaa ja mikä väärää Jumalan johdatuksessa. Olisimme kuitenkin iloisia, jos tämä tarina jatkuu, mutta olevaisuuden siskon elämä on ollutkin saatanan vallan alla. Olisittepa olleet itse elämässä siinä perheessä. Nämä sisarukset joutuivat jo lapsena hyvin ankaran käskyn alaisena tekemään aikuisten raskaat maataloustyöt. Emme kerro kaikkea, mutta veli elikin nyt toisen veljen suojelusenkelinä. Heidän äitinsä oli niin peloissaan, kun ei heidän tyttärensä olleet vielä niin valossa, että kävi vielä katsomassa heitä toisella tasolla. Olkaamme ymmärtäväisiä, jo lapsena hyvin ankaran käskyn alaisena joutuivat tekemään aikuisten raskaat maataloustyöt. Isänsä kuoli jo nuorena, noin 55-vuotiaana, ja se oli äidilleen niin iso helpotus, että rupesi elämään elämää. Ette usko, mutta sisarusparvi, yhdeksän lasta, vapautui ankaran isän käskyn alaisuudesta. Te ette usko, mutta äiti oli niin onnellinen, että jopa etsi sulhasehdokkaan itselleen. Te voitte arvostella, mutta se on niin arkaluontoinen asia, ja olevaisuuden Sirkka eli jo silloin henkistä elämää. Hänen isänsä kävi hänen luonaan, kun hän oli mennyt nukkumaan. Se oli jäänyt hänen mieleensä niin, että hän ei pystynyt ensin nukkumaan, kun pelotti. Hän oli ollut yksin kotonaan. Esitimme tietämättämme, että olevaisuuden Sirkka ei tiennyt, että suojelimme häntä jo viisivuotiaasta saakka. Ennen syntymää hän oli veljensä olevaisuuden suojeluksessa. Hän, joka oli jo niin otettu, että oli eläissään siskolleen niin rakas, että oli hänen tukenaan kuolemaansa asti. Emme kerro kaikkea, mutta veli elikin nyt toisen veljen suojelusenkelinä. Heidän äitinsä oli niin peloissaan, koska heidän tyttärensä eivät olleet vielä niin valossa, että kävi katsomassa heitä toisella tasolla. Olkaamme ymmärtäväisiä, että olevaisuuden Sirkka tapasi hänetkin, kun olivat jo hautajaiset olleet. Hän kävi ja kosketti olevaisuuden tyttärensä olkapäätä. Alkuun olevaisuuden Sirkka luuli sen olevan enkelin, joka tuli lohduttamaan häntä. Muutkin sisarukset olivat nähneet tai tunteneet sen olemassaolon. Olevaisuuden Sirkka ei ole ennen ollut yhteydessä enkeleihin, mutta uskoi silti kuolemanjälkeiseen elämään. Hän oli niin nähnyt ja tuntenut vainajien olemassaolon ja lähtemisen toiselle tasolle. Hänen isänsäkin oli ilmestynyt yöllä ja kysynyt: "miten olet jaksanut?". Olevaisuuden Sirkka oli vain kysynyt: "miten on mahdollista, että olet siinä?". Asetimme vaatimuksen siskolle, mutta hän ei oikein uskonut, vaan vasta myöhemmässä vaiheessa elämässään. Tekisi mieli sanoa, että Sirkka on tuntenut jo jotenkin Jumalan johdatusta niin, että Sirkka on jo niin otettu, kuin olisi jo asunut ennenkin taivaassa. Jotenkin tuntee koko ajan niin, että puoliso on koko ajan läsnä, ja minä Telefus, joka on niin otettu, kun saa enkeli kiitosta. Olkaamme täten uskollisia suojelusenkeleillemme niin, että saatte kiitosta myös heiltä, kun pyydätte apua. Olevaisuuden Sirkka on niin otettu, kun saa kirjoittaa vielä kirjan uskonasioistaan, että on jotenkin ollut niin innoissaan kirjoittamisesta. Olisimme vieläkin jatkaneet tätä kirjaa, mutta se jatkuu vielä seuraavassa elämässä. Se tarkoittaa sitä, että uusi aika on alkanut 1.2.2022, mikä tarkoittaa sitä, että olevaisuuden Sirkka jatkaa tarinaa Telefuksen kanssa. Olemme niin ystävällisiä, että kuitenkin jatkamme esitystä. Esitimme niin, että sanoisin olevaisuuden Sirkka ei tunnistaisi, kun puolisonsa oli alkanut kanavoida Sirkalle.

Estimme sen niin, että olevaisuuden Sirkka ei tietäisi, että puoliso kirjoittaa. Elimme vain niin, että minä kirjoitan Sirkalle. Esitimme hyvin ärsyttävää tekstiä. Sirkka kuvitteli, että miten on mahdollista, että se on se Telefus, joka kiusoittelee nyt. Olimme vain niin, että emme kirjoitelleet koko päivänä, ja Sirkka jo vähän hermostuikin asiaan. Päätti, ettei enää nykäisekään kynään. Täten olevaisuuden Sirkka saikin tiedon, että puolisonsa haluaa kirjoittaa hänelle. Estimme kuitenkin sen, ja nytkin se hiveltää olevaisuuden Sirkan päätä. Sirkka esitti kysymyksen, että meinaako antaa jo tukkapöllyä, kun tuntee jo niin voimakkaasti sen fyysisen kosketuksen. Esitimme kuitenkin niin olennaisia kysymyksiä Sirkalle, että hän uskoi heti puolisonsa yhteydenpitoon. Emme ensin uskoneet, mutta olevaisuuden Sirkka olikin jo tietoinen asiasta, että on ollut puolisonsa lähellä koko ajan. Täten estimme ensin olevamme tietoisia, mutta se olikin olevaisuuden Sirkalle asia, jonka hän uskoi heti: että puoliso kirjoitti hänelle. Asetimme puolisollekin vaatimuksia, joten estimme Sirkan niin, että hän ei olisi ensin uskonut, että se on puolisonsa. Oletimme, että Sirkka ei tunnista, mutta se puoliso itse oli innoissaan siitä. Sanoikin itse, että "hän on tässä". Sehän oli ilonaihe, ja voitteko kuvitella, että hän oli pyytänyt Jumalalta, että saa kirjoittaa omalle rakkaalleen. Elivät kuitenkin hyvin vaatimatonta elämää, ja sisko oli uskonut, että hän oli Sirkan puoliso , ja olevaisuuden Sirkka ei uskonut olevansa sen lähellä kirjoittamassa. Ette usko, mutta uusi aika on nyt olevaisuuden Sirkalle tuttu asia. Emme voi kuin olla onnellisia sen puolesta, että he ovat niin rakastunut pari, että ovat aina kirjoituksen välityksellä yhteydessä. Puoliso ei usko, että hän on ihan järjissään, kun jo yksin puheleekin. Sehän on kuuluva tähän uuteen aikaan ja, että se on jotenkin jäänytkin siitä sielun elämästä niin, että se puoliso onkin niin, että ei ole kauaa kuin näkeekin oman rakkaansa elävänä edessään. Olisimme hyvin otettuja, jos uskoisitte tämän tarinan, ja se tulee olemaan Suomessa ensimmäinen juttu. Täten emme enää kirjoittele vain, jos joku on kiinnostunut tästä ajasta. Emme kuitenkaan vielä lopeta, sillä se olevaisuuden Sirkka on jo niin kiinnostunut, että haluaa jatkaa itsekin. Aletaan jo kohta olla siinä pisteessä, että on aika paljastaa, että tämä kirja on totta, ja se ei ole vielä lopussa. Se jatkuu seuraavassa kirjassa. Me olevaisuuden enkelitkään emme tienneet, että tämä kirja olisi kuitenkin tuleva sinne kirjastoon ja kirjakauppoihin. Aseena on ollut Jumalan pyyntö. Asetimme Sirkalle vaatimuksen, että hän saa pitää puolisonsa, jos ei enää olisi niin rakastunut siihen, että saavat elää ikuisesti tulevaisuudessa paratiisissa. Estimme sen, että ei nyt vielä lähetä paratiisiin. Se ei kuitenkaan ole vielä ajankohtaista, mutta saa nähdä, kauanko rakastavaiset täällä elävät, maan päällä yhdessä. Esitimme tähän testin, johon olevaisuuden Sirkka ei ensiksi uskonut, mutta ei kertonut syytä. Epäilikin, että siskonsa oli kaiken takana. Me emme kuitenkaan olleet sen takana. Hän arvasikin ihan oikein. Hän oli syytöksen tehnyt olevaisuuden Sirkalle hänen puolisonsa asiassa. Ette usko, mutta se on niin joka ei tunne sielun kumppaniaan niin hyvin kuin minä sanoisin sen olevaisuuden puolison ja sen olevaisuuden Sirkan kanssa. Täten ei pidä mennä mukaan, jos ei tunne niin hyvin kuin me olevaisuuden Sirkan kanssa. Se tunne on niin läheinen, että jopa jo väitellään asioista. Että se oli tässä koko tarina. Onpa tässä mietittävää myös itse olevaisuuden Sirkalle ja puolisolleen. Täten tiedoksi, että joka haluaa kirjalle jatkoa, voisi olla yhteydessä kirjapainoon. Etsimme oikeita vastauksia tähän kirjan tekemiseen, että se toinen samanniminen henkilö kuin olevaisuuden vanhemman veljen puoliso, on kuin onkin hänen oma sielunkumppaninsa myös. Se oli meiltä testi olevaisuuden Sirkalle. Hän läpäisi testin. Ei uskonut asiaa ollenkaan. Piti vielä minulle puhuttelun kesken kaiken. Että sen sielunkumppanin tuntee heti, kun sen kohtaa. Se on tosi, että tämä kirja jää lyhyeksi, kun on jo kaikki olennaiset asiat selvitetty. Täten älkää menettäkö yöunianne, jos edesmenneet puolisot tulevat näkyviin.

Se olennaisuuden Sirkka odottaa nyt innolla, ja se tulee jo näkyviin uuden ajan kuluessa. Se onkin hänelle tulossa lähiaikoina. Etsimme jatkoa kuitenkin tähän kirjaan, mutta se onkin niin, että minä en enää pysty auttamaan sitä olennaisuuden Sirkkaa näissä teksteissä. Että taaskaan ei mennyt oikein. Se olevaisuuden Sirkka teki minulle vaatimuksen. Hän tuntee minut jo niin hyvin, että sanoi suoraan, että minä, Telefus, on se, joka kirjoittaa kirjan, ja hän on se, joka laittaa tekstin koneelle. Emme voi kuin olla ystäviä keskenämme. Rakkaat lukijat, hän sanoikin, että olen hänen rakas siskonsa. Emme voi kuin miettiä sitä, miten tiemme aikoinaan erosivat. Se on lyhyt tarina. Elimme köyhässä perheessä, niin että se olennaisuuden Sirkka sai jo kylmiä väreitä ihollaan. Pelkää jo sitä, että se saa jo itkemään. Elimme oikeasti vaatimatonta elämää jo neljäsataa vuotta sitten. Esitimme hyvin uskonnollista elämää, eikä meidän isämme hyväksynyt sitä uskontoa. Annoimme kaikkemme, jotta olennaisuuden Sirkka olisi se, joka saisi kaiken avun, mutta Sirkka ei kuitenkaan hyväksynyt sitä, että hän oli suosiossa. Emme ole kuitenkaan niin negatiivisia, sillä olimme kuitenkin enimmäkseen olennaisuuden enkeleitä entisessä elämässäkin. Että tämä oli meidän surullinen loppu, ja se on nyt niin, että se Sirkka vaistosi, mikä on nyt homman nimi. Emme rupea olemaan niin negatiivisia, että saatte tietää. Se toinen siskokin oli se sisko, joka olisi ollut sen olennaisuuden sisko. Tiesimme molemmat, että se on oikea olennaisuuden Sirkan siskon sisko, joka on meidänkin siskomme edellisessä elämässä. Aseena oli, että olennaisuuden sisko ei usko tänäkään päivänä, että se oli heidän siskonsa, siis meidän kaikkien sisko. Sirkka on ollut hyvin pahoillaan siitä, kun ei ole onnistunut uskomaan, että se oli se Celefus se meidän yhteinen siskomme. Minä sairastuin jo nuorena sydänsairauteen, ja Sirkka oli se, joka minusta huolehti, ja se meinaa jo ruveta itkemään, se ei ole kaukana. Ette usko, miten se koskettaa vieläkin Sirkkaa. Te ette usko uudelleen syntymiseen, mutta Sirkka on todennut, että kuolemaa ei ole, sehän jatkuu toisessa tasossa. Se lehtinen, joka aikaisemmin kirjoitettiin, oli vihko. Täten se on nyt niin, että niitä jäikin vielä jäljelle noin kolmekymmentä kappaletta. Se on niin iso juttu, että moni ei usko, että se on totta. Siinä kerrotaan just tästä päivästä, että tehkää parannus, koska se ei voi jatkua tämä maailman-meno näin. Olennaisuuden Sirkan sydän reagoi aina niin, että se on totta. Tämä olikin tässä. Joka haluaa näitä vihkoja, niin voi ottaa henkilöön yh-teyttä. Hän ei ole se veljensä vaimo vaan tämän kirjan kirjoittaja, itse Sirkka Kiminki Telefuksen kanssa. Tämän kirjan tekijän tiedot löytyvät kus-tantajan osoitteesta.

Emme osanneetkaan arvata, että se olevaisuu-den sanoisin Sirkka olikin niin yöllä jatkanut kir-jaa itse, että hän oli aamulla niin väsynyt, että ei muistanut ollenkaan mikä päivä tänään on ja nyt se ei laita pisteitä enää, koska on jotenkin ole-vaisuuden sanoisin henkilö, joka jatkaa tästä itse Nyt se ei usko itsekkään ja nyt se miettii ja hakee koroketta tuoliinsa Esitimme hyvin olennaisen asian ja se tulee nyt näkyviin Emme tiedä vielä miten tämä päättyy Nyt hän miettii mitenkä selviää tästä kirjoituksesta Te, ette usko mutta Telefus oli sanelemassa yöllä tämän tekstin hänen päähänsä Te olette huomanneet, että hän on nytkin itse sanoisin ,että hän ei usko, mutta hän yrittää saada nimensä tähän En anna kirjoittaa nimeä, koska tämä on nyt uusi aika aloitettu ja se ei usko itsekkään, että ei laita enää pisteitä tähän kirjoitukseen Me emme ole tähän millään lailla syyllisiä kuten huomaatte se ei usko tähän itsekkään, että kirjoittaa nyt yksin ja se ei ole enää vanhan ajan sanoisin entinen hän, että hän ei laita enää nimeään tähän kirjaan te, ette usko, mutta se on totta se Rauni Leena Luukkonen on itse kirjoissaan puhunut sen uuden aikakauden tulosta ja se on totta Me emme ole tässä ollenkaan kirjoittamassa ja se on totta se, että nyt se sekoittaa nämä sivutkin vielä Me emme usko ennen kuin hän kirjoittaa mitä on saanut aikaiseksi Tämä, että hän ei nyt laita kirjoituksiin pisteitä Hän oli eilen puolisonsa kanssa kirjoituksissa aina laittanut pisteitä, kun olivat kinastelleet joistakin asioista ja se puolisoa huvittikin ja tämä on totta hän aavisti, että hän on jotenkin viime yönä saanut oikeasti avautumaan selvän - näön Me emme ole tähän osallisia , että se nytkin uskoi mitä Telefus oli aamulla sanonut, että sinä kirjoitat nyt Tämä juttu on jotenkin kuitenkin niin hauska, että hän yöllä nauroi itsekseen niin kovasti ja ajatteli, että hän ei ole kunnossa Te olette jotenkin olleet sen suojelusenkelin pauloissa, että enkeli Telefus on niin otettu ollut ja tämä on totta Telefuskin on niin kiitoksen antava, että on pakko myöntää, että ei ole enää kauaa se, joka sanoo mitä pitää tehdä Ette usko, mutta hän taas nauraa ja on hyvin otettu, kun nyt yöllä mietti tätä itsekseen He eivät ole niin tietoisia nyt nämä uudet tulokkaat kuin tämä olevaisuuden henkilö ja ette usko, mutta tämä tahti nyt kovenee Hän jo meinasi pisteen laittaa, mutta ei kuitenkaan Ette vielä ole huomanneet mitenkä hän jo on kehittynyt niin, että on kohta se olevaisuuden henkilö, joka kirjoittaa kohta kymmensormi järjestelmällä Et kyllä usko tähän mutta annetaan ajan kulua Hän kuitenkin uskoo tähän kirjoitukseen ja on hyvin otettu ja hän nyt pelkää, että siskonsa vielä suuttuu hänelle, kun ei ole kerennyt soittelemaan Ette vielä tajua, mutta sen toisen käden sormet ovat olleet hyvin niin sanotusti vapaana Että hän ei itse pidä siitä, että ne rasittuu Ette arvaa mitä hän yöllä teki Hän luuli olevansa sekaisin, kun emme olleet niin varovaisia se, että se eli toisenlaista elämää Te voisitte olla jotenkin avuksi, koska hän hapuili koko ajan jotakin Ette tienneet nytkään ,että hän vaistomaisesti käänsi uuden sivun Nyt se menee jo sekaisin ja hän jo rupeaa jo itsekin tajuamaan, että mitä tämä on Te ette usko, mutta hän pelkää, että laittaa jo pisteenkin Me emme ole nyt tietoisia ollenkaan asiasta ja hän oli eilen aamulla niin otettu, kun puoliso oli sanonut, että älä usko sen Telefuksen joka sanaa Hän sanoikin, että en usko ja tämä ei ole totta Tämä on kuitenkin totta Hän on tiedostamattaan uskonut minuun jo ennen syntymäänsä Me olimme niitä jotka estimme sen siskon olemasta meille ilkeä

Nyt hyvä kysymys Hän on jotenkin nyt niin väsynyt, että ei uskoisi, että on ollut niin sisukas, että on jotenkin sen vankan suojeluksen alla ollut Ne ovat ne oppiläksyt mitkä tulee suorittaa maan päällä Te ette kaikki usko, mutta tämä kirja tulee olemaan vielä monessa maan kolkassa suosiossa Te ette usko, mutta hän pelkää jo laittaa pisteitä tähän kirjoitukseen Te vielä tulette kaipaamaan tähän vielä toista osiota Me emme ole enää niin varmoja kohta jos tämä maailma ei muutu Sanoisin tulevaisuuden henkilö on ollut tietoinen koko ajan, että tämä olevaisuuden puoliso on elänyt koko ajan sen rinnalla tukien sitä Hän tietää jo taivas asiat ja puoliso on niin rakastunut vieläkin, että ei anna sille rauhaa Se nytkin odottaa, että pääsee jatkamaan tätä kirjoitusta sankoin joukoin emme anna jatkaa, mutta saavat kirjoitella kun tämä on ohitse Nyt hän pelkää, että joku tulee käymään, kun on tämä kesken Heh heh heh ja se on nyt siinä mallilla, että hän ei ole enää sen Telefuksen kanssa enää ollutkaan kirjoittamassa ja hän sanoi, että sinua ei enää tarvita Sanoisin, että ei mene kauaa, kun hän käy jo syömässä Heh heh heh se nauraa ja sanoo, että vahtivat joka suupalan mitä syö Heh heh heh, että se on niin valossa olevaisuuden henkilö sanoisin jo, että säikähti ,kun meinasi kirjoittaa oman nimensä Te vahditte joka suupalaa minkä syön, mutta heh heh heh ette usko ,mutta yritän jopa piilossa syödä ,mutta ei onnistu Heh heh heh ja hän on niin otettu nyt, että hän jo itsekin huomasi miten on niin valossa, että pelkää menettävänsä järkensä Nyt on pyytänyt Telefukselta suojelusta, että ei sekoaisi Että on vaikeaa tämä Suomen kieli Te voitta sanoa, mutta hän ei ole vankan suojeluksen alla tämä olevaisuuden henkilö Hän on nyt jotenkin suojeleva itse itseään Tämä on totta, koska hän on tarkoitettu tähän siksi, että oli jo tarkoittanut jatkaa työ elämässä vielä vuoden, mutta Telefus esti Sankoin joukoin emme uskaltaneet ilmaista sitä ääneen Hän ei ole syönyt aamulla kuin omenan ja, että hän on pelännyt menettävänsä tämän tekstin Hän säikähti niin ja pyysi apua Jumalan enkeliltä Telefukselta

Tämä on totta, että hän on jotenkin luottanut minuun jota kutsutaan suojeluksi Nyt se ,että se vähän tökki tämä aloitus ja tämä ei nyt vain ensiksi onnistunut Minä Telefus en ollut asialla Hän oli vain päivittänyt puhelinta Kyllä sinä Telefus olit asialla Kiusaatte minua aina Ette usko, mutta minä rupean myös teitä kiusaamaan Mutta eihän se onnistukkaan, kun tiedätte jo mikä on totta ja mikä väärää tietoa Minä en ymmärrä miksi pitää valehdella ja ei ole oikein, kun olette valontyöntekijöitä Sinä Telefus olet itse tullut minun asemassa ja nyt lopetat tämän minun kiusaamisen puolisoni kanssa Teillekin on tuomionne siellä toisella puolella Jumala on teillekin, joka on niin korkealla, että sanotaan mitä kylvät sitä myös niität Miettikääpä sitä

Sanonkin kokemuksesta, että olen ne opit itse käynyt Ette uskokaan, mitä olen nyt huomannut Olen seurannut monen ihmisen kohdalla tätä tarkoitusta ja johdatusta, että johdatus tulee kuin itsestään Te ette usko, mutta silmäni on olleet sokeat sanoisin niin, että se johdatus tulee kuin itsestään ja tämä, että mitä teet toiselle se taas tapahtuu myös sinulle sinun ansiosi mukaan Huomatkaa, että se Telefus on jotenkin auttanut asiaa niin, että minä menin ystäväni kanssa syömään ja hän oli valmis minua auttamaan Me olemme olleet ennenkin ystäviä noin neljäsataa vuotta sitten Anteeksi ,mutta nyt kirjoitin tämän Numerot jätin kuitenkin pois, koska tämä hämmentää teitä Nyt pitää jo itsekin tarkistaa onko oikein kirjoitettu Kyllä oli ja nyt olisi tauon paikka Ei ole Minä en kohta muista kenties kaikkea Telefus ja minun puoliso valvotti minua viime yönä Minä jo luulin, että kello olikin viittä toista vaille kolme Se ei ollut kuin kaksitoista Ei ollut Ne narrasi senkin ja pyysivät minua menemään peilin eteen Ette usko, mutta mitä varten keskellä yötä Ihmettelin itsekin asiaa Ette usko miten olin väsyneen näköinen Niin kuin olisin ollut kymmenen vuotta vanhempi kuin tavallisesti Nyt hän jotenkin jo kirjoitti jo paremmin Hän jo sanoo, että älä Telefus sekoita Me emme sekoita Sanoisin,että sinun intutiosi rupeaa kirjoittamaan oikein Nyt hän jo pelkää, että vieras tulee On arvellutkin, että veli tulee käymään ison porukan kanssa Pyysin jo laittamaan kahvikeittimen valmiiksi, mutta hän ei antanut siihen ohjeita ja ei hoksannut, että minä sitä pyysin Te voitte ajatella, että hän on lopullisesti seonnut Mutta Telefus pitää sen kuitenkin aisoissa Heh heh heh, että aisoissa Te itsekin joudutte sinne sanoisin hoitolaitokseen Heh heh heh emme rupea asiasta väittelemään Helppo on sanoa, kun teitä ei näy Heh heh heh, ette arvaakaan puolisoni on ainakin siellä hoitolaitoksessa ja hän joutuu vielä minulle maksamaan vuokraa Heh heh heh, että on hauskaa Te luulette, että minä laitan tähän mitä sattuu, mutta kaikki tämä johdatus mikä on annettu minulle johtuu siitä, että olen ollut maan päällä niin syntinen, että olisi nyt vesilasin paikka Heh heh heh se Telefus jo tiesi, että yritän etsiä karamelleja Heh heh heh Ei tästä tule mitään jo nyt rupeaa naurattamaan Heh heh heh ja nyt myrkyn lykkäsi Kyllä nyt hymyt hyytyy Tässä on nyt jotain outoa Etkö uskonut, kun Telefus sanoi, että älä syö niitä karamellejä Mitäs on niin, että se olikin puolisoni, joka tuli sanomaan asiasta Heh heh heh, että tunnistit Kyllä tunnistin ja hän ei nyt ole niin valossa Telefus kuitenkaan Että hän olevaisuuden henkilö olisi jotenkin nyt kehittynyt niin paljon, että sitä ei enää määräillä Nyt Telefus sanoo, että laitatko ikkunan kiinni Ei laiteta haluaako hän, että minä kohta pyörryn tähän Se itsekkyys näkyy jo Telefuksessakin Tämä on totta hän ei usko sanoisin se olevaisuuden henkilö, että kylläpä auttoi, kun happea saatiin Tai minä sain Heh heh heh älkäämme uskoko Tämä puoliso, joka on vielä itse tarvitseva happea Heh heh heh ette usko, mutta tämä ei ole totta Hän ei ole vielä tullut siihen pisteeseen, että tämä puoliso näyttäytyisi olevaisuuden henkilölle Et sano, et et et et et sano sitten En jaksa aina väitellä Ette usko, mutta hän olevaisuuden henkilö on puolisoni, joka väittelee minun kanssani, kun ei muita ole Se on rakkautta ja se ei tiedä Telefus kaikkea, mutta tämä on salaisuus Nyt meinasin jo pisteen laittaa En varmasti laita Se tietää kaiken paremmin kuin minä itse Nyt minä en rupea Se yrittää puolustella, mutta tämä ei johdu Telefuksesta Nämä on niin arkaluontoisia asioita Ole hiljaa ei ,kun älä kirjoita Nämä on meidän välisiä asioita Kirjoitan, et, kyllä ,et ,kyllä ,et ,kyllä ,et No en sitten Niin tämä on sitten taas tässä tämä meidän tarina Heh heh heh ei kerrota enempää Heh heh heh Minä kerron Sanoit, että et kerro Heh heh heh Sinä Telefus ole hiljaa ja anteeksi kirjoittamatta ette usko, että minä olevaisuuden henkilö ja puolisoni olemme virallisesti naimisissa Ja en sanoi piste Heh heh heh, ette tiedä kaikkea Heh heh heh minä tiedän Niin jos olisitte kaikki niin ystävällisiä niin jotain kerron Telefus taas tuli sotkemaan meidän tarinaa Etkö laita pistettä En mene sinä pois tästä Nyt kirjoittaa Telefus Ei kun minä ,et ,kyllä ,et kyllä ,et, no olkoon sitten Aina sinä olet väliin tulemassa Anna meidän joskus Telefuksen kanssa kirjoittaa Sinä kyllä kerkeät kirjoittaa kato sitä televisiota sen aikaa En, kato ,katot, en katot, en Enhän minä voi katsoa, kun ei ole auki Kato niitä lintuja ulkona, kun käyvät siellä linnun pöntössä Heh heh heh Minä laitan itse auki sen television Heh heh heh et saa sitä auki Enkö muka et saan kyllä et kyllä et kyllä et Heh heh heh enkö varmasti saa Et Et ole ennenkään saanut sitä auki Heh heh heh etkö muista, kun poikasi oli käymässä perheineen Minä olin joka aukaisi television, niinhän minä jo sanoin, että puolisoni aukaisi sen television Nyt saa Telefuksen kutsua tähän Eihän sinun tarvitse, kun hän on tässä ollut koko ajan Mitä te olette kirjoittaneet Etkö muka tiedä Kyllä sinä olet tietoinen Tämä, että sinulta ei jää mitään salattavaa meiltä Heh heh heh ei niin ja oletkos nyt hiljaa ja kaikkea ei tähän kirjoiteta Usko huviksesi, mutta tämä sokeri ei ole terveellistä Kyllä minä sen tiedän Heh heh heh En laita sitä pistettä Taas meinasin laittaa Ähä kutti katsotaan vielä tulet laittamaan pisteen En tule ,tulet, en, tulet, en Ei sitten Menen nukkumaan heh heh heh niin kuin nukkuisit Telefus olet minun suojelusenkelini Sinä et nuku ,Nukun, et, nukun, et ,nukun Ettekö näe tai kirjoituksesta huomaa ja ne ei ole tähän

tarkoituksella laitettu se sotkee minun kirjoituk-
set Heh heh heh En sotke, en sotke Älä kirjoita
En minäkään enää jaksa väitellä En laita sitä pis-
tettä Ei ole jatko suunnitelmia tämä jatkuu tästä
Jäi pois nyt se, että sinun työpaikkasi oli niin ole-
vaisuuden työpaikka No me ei sotketa tätä nyt
tähän Eikö Minä en kerro Minäpä kerron , että
sinun työpaikkasi oli jotenkin niin olevaisuuden
työpaikka, että olet nyt helpottunut, kun et enää
siellä ole töissä Niin Jatka vaan Esität niin arka-
luontoista asiaa, koska et uskalla, että käy ilmi
mistä työpaikasta oli kyse Usko huviksesi, että
hän olikin se olevaisuuden henkilö, joka teki sen
päätöksen enkä minä En minä ole sinua syyttä-
nytkään Mutta olen ollut hyvin kiitollinen, että
minut johdatettiin pois siitä työpaikasta Ei ollut
enää minulle soveliasta olla siellä työpaikassa
Tunsin olevani siellä kuin vieras lukuun otta-
matta muutamia henkilöitä Työpaikkani on Ju-
malan silmissä tuhoon tuomittu Olen sen joten-
kin aavistanut jo jonkin aikaa Tämä on totta, että
ette uskokaan, että tämä ei ollut enää minun työ-

paikkani Se, että se olikin jotenkin niin olevai-
suuden työpaikka Tämä, että ihmisiä hoidetaan
kellon kanssa Tämä ei enää minulle sopinut Esi-
mieheni oli kuitenkin hyvin ystävällinen Te ette
usko, mutta työnkuva meni niin, että hoitotyö oli
niin tietotekniikan varassa Olisi pitänyt työn
ohella tehdä kaikki muutkin tietokone tehtävät,
tentit ja kaikki siinä olevat uudet ohjelmistot ja
niiden uudet koulutukset Anteeksi laitoin pis-
teen, mutta otin sen heti pois ja kauhistuin Tele-
fus oli oikeassa, että tulen vielä laittamaan sen
pisteen Jotenkin minä sen vaistosin, että ja ,kun
on kyse työpaikasta niin saatan laittaa johonkin
väliin pisteen Telefus olit oikeassa Ai etkö pyydä
anteeksi Niin anteeksi olit oikeassa Se anteeksi
anto onkin niin vaikeaa tässä maailmassa ja var-
sinkin Suomessa tällä hetkellä No jatka Telefus
sitten, kun haluat jatkaa ja anteeksi taas meinaa
tulla piste Onneksi en kerennyt laittaa Telefus
sano nyt mitä haluat sanoa Sinulla on asiaa Minä
muistan kaiken yöllä mitä kerroit Se on sinun
huki nyt kertoa En laita sitä pistettä Ole ystäväl-

linen ja kerro asia Jos joku ei usko niin näkee kuka on näkemässä Ette usko, mutta Ugrainan presidentti on itse oleva syyllinen kaikkeen tähän sotkuun Putin on ollut valontyöntekijänä jo kauan aikaa Olevaisuuden henkilö on jo tiennyt asian, joka on ollut niin arkaluontoinen asia, että hän jo kiirehti kertomaan jo itsekin, mutta minäpä kerron Tämän päivän ihmiset ovat jotenkin niin paatuneita, että hän olevaisuuden henkilö veljensä kanssa oli nähneet sen läpi Ja nyt ihmiset lahjoittavat rahansa aseisiin ja tiedättekö mitä He veljensä kanssa oli nähneet hänen läpi Nyt ihmiset lahjoittavat rahansa aseisiin ja tiedättekö mitä He veljensä kanssa karttavat näkemästä näitä olevaisuuden presidenttejä, koska tähän on sekaantunut muitakin ihmisiä Tämä, että nämä sisarukset ovat olleet hyvin pahoillaan siitä, että Putin on jotenkin kuitenkin itsekin osallisena tähän, koska ihmisiä on paljon kuollut tähän sota tilanteeseen Harmillista on, että syyttömät ihmiset joutuu kärsimään On ollut tarkoitus, että Jumala puhdistaa maapalloa Sanoisin nämä sisa-

rukset tietää , että se on jotenkin uusi aika me-
neillään En laita sitä pistettä, kun se meinaa koko
ajan tulla ette uskokaan mitä nämä sisarukset
ovat nähneet sitä, että miten ihminen on paha,
kun moititaan koko ajan vain Putinia, kun tele-
visio valehtelee koko ajan Putinin pään menoksi
Älä laita sitä pistettä En tiedä, mutta meinaa koko
ajan tulla Heh heh heh Etteko huomaa nyt se on
jotekin niin jumissa, mutta jatketaan Etteko huo-
maa miten on jotenkin tämä yhteiskunta mennyt
alaspäin Olisiko hyvä jokaisen miettiä mihin
suuntaan se on menossa Tämä, että kaikki joh-
tuu siitä, että te ette uskokaan, että kaikki johtuu
siitä, että Jumala on kaikessa hiljaisuudessa
miettinyt, että etteko usko jo TEHKÄÄ JO PA-
RANNUS Nyt jo olevaisuuden henkilö kirjoitti
jo isolla kirjaimilla Tämä on totta Ei ole leikin
asia enää Jumalan suunnitelmat voi muuttua
Tämä oli jo olevaisuuden henkilön testeissäkin
Jos vaikka vielä olisi niin ystävällisiä kaikki, että
tämä kirjanen on kaikki totta Tämä on totta olen
sen todistaja Minulle on kaikki kerrottu taivaan

ja maan välillä olevat asiat Anteeksi Telefus, että tähän väliin kirjoitin jatka vaan ja kiitos, että olet ollut minun turvana nämä kaikki vuodet koko elämäni

Ne ihanat pienet enkelit Myös kiitokset kaikille Että hän kehtaa kiittää Tämä kiitos on niin iso asia, että olevaisuuden henkilö ei muistanut kiittää, kun ystävänsä tarjosi lounaan ilmaiseksi ruokapaikassa Tämä, että anteeksi anto on oleva vähän negatiivinen asia , että tämä kirja on kuitenkin tässä Toivottavasti saitte sen nyt todenneeksi, että tämä aika ei voi jatkua näin TEHKÄÄ PARANNUS niin, ettei teitä tuomittaisi vaan niin, että ei voi näin jatkua tämä yhteiskunta on ajettu niin alas, että Jumala on puuttunut peliin Te ette usko, mutta tämä olevaisuuden henkilö oli jo vuosi sitten piirtänyt, että VALO TULISI POHJOLASTA ja tämä olisi niin arkaluontoinen asia, että tämä olevaisuuden henkilön poika tulisi saamaan sen suuren valon, joka nousisi täältä Savosta Me emme muuta sano, kuin hyvin paljon kiitoksia jos joku lukee tämän kirjan Ettekö huomaa ,olevaisuuden henkilö pelkää jo, että älä laita sitä pistettä Hän on jo niin väsynyt, että hänen sormet on jo tönköt Tämä olikin tarkoitus, että sotkisit vähän tätä kirjoitusta Heh heh heh etkö usko jo johdatukseen Väärä kirjoitus olikin oikein Nyt et muistanutkaan mitä siinä luki Niin arvelinkin Meinasin kirjoittaa sen paperille ylös, mutta arvelin, että Telefus sanelee pari lausetta uudelleen Nyt kyllä olen tai on niin tyhjä pää Tässä kuitenkin tärkeimmät asiat, mitkä on tuotu esiin ette varmaan ymmärrä kaikki tätä yhteiskuntaa, mutta uskokaa tai älkää vanhukset ja sairaat ajetaan ahdinkoon ja NÄMÄ ROKOTTEETKIN ON NIIN SUURTA VAHINKOA TUOTTAVIA, ETTÄ SANKOIN JOUKOIN emme tiedä mitä Jumala tekee, kun olette ottaneet nämä rokotteet Sanoisin sen olevan myrkkypiikin Emme halua pelotella, mutta tämä olevaisuuden henkilö ei ole ottanut näitä myrkkypiikkejä Hän jo sanoi ensimmäisenä päivänä,kun tarjottiin rokote, että ei ota sitä myrkkypiikkiä Hän uskoo koko ajan siihen, että jos on tarkoitettu lähteä täältä maan päältä niin silloin pitää lähteä Ette usko, mutta ei ole ihan siinä Sanoisin, että hän on uskonut aina siihen, että pelko sairastuttaa ihmisen Ja tämä on kaikki totta Olevaisuuden henkilöllä on ollut vankka suojelus TEHKÄÄ PARANNUS SANOO JUMALAN SUURI VALO Emme osaa muuta kuin toivottaa hyvää elämän taivalta kohti valoa eteen päin